Ceci n'est pas une pandémie, et ce n'est pas un « rassuriste » qui le dit. C'est Richard Horton, le rédacteur en chef de l'une des plus prestigieuses revues internationales de médecine : « *Covid-19 is not a pandemic*[1]. » Il s'agit plutôt d'une « syndémie », d'une maladie causée par les inégalités sociales et par la crise écologique entendue au sens large. Car cette dernière ne dérègle pas seulement le climat. Elle provoque aussi une augmentation continue des maladies chroniques (« hypertension, obésité, diabète, maladies cardiovasculaires et respiratoires, cancer », rappelle Horton), fragilisant l'état de santé de la population face aux nouveaux risques sanitaires. Présentée ainsi, le Covid-19 apparaît comme l'énième épisode d'une longue série, amplifié par le démantèlement des systèmes de santé. La leçon qu'en tire *The Lancet* est sans appel. Si nous ne changeons pas de modèle économique, social et politique, si nous continuons à traiter le virus comme un événement biologique dont il faudrait se borner à « bloquer la circulation », les accidents sanitaires ne vont pas cesser de se multiplier.

LA VIE EN PANDÉMIE : UNE ÉTRANGE DÉFAITE ?

> *« Nous savions tout cela. Et pourtant, paresseusement, lâchement, nous avons laissé faire. Nous avons craint le heurt de la foule, les sarcasmes de nos amis, l'incompréhensif mépris de nos maîtres. Nous n'avons pas osé être, sur la place publique, la voix qui crie, d'abord dans le désert, mais du moins quel que soit le succès final, peut toujours se rendre la justice d'avoir crié sa foi. Nous avons préféré nous confiner dans la craintive quiétude de nos ateliers. » (Marc Bloch,* L'Étrange défaite. Témoignage écrit en 1940 *(1946), Gallimard, 1990, p. 204)*

La critique du *Lancet* ne cible pas seulement l'ultralibéralisme de Trump, qui a fait le choix de laisser faire le virus. Elle invalide aussi la stratégie inverse de « blocage » qui a prévalu dans de nombreux pays, visant la population par une politique répressive inédite, tout en continuant à désarmer le système sanitaire et à abandonner les déserts médicaux (ruraux et urbains) dans lesquels se concentrent les populations qui affluent aujourd'hui aux urgences.

Ce qui vaut pour l'aval de la crise sanitaire, aggravée par l'industrialisation des modes de vie, semble valoir aussi pour l'amont de l'épidémie, vraisemblablement déclenchée par une nouvelle zoonose, une « maladie émergente » d'origine animale, liée au franchissement des « barrières d'espèces » profondément fragilisées par les atteintes à l'environnement. L'industrialisation des élevages, couplée à l'accélération des échanges à l'échelle mondiale et à la dégradation de la santé des populations dans les pays industrialisés, produit ainsi toutes les conditions pour que le même type d'épidémie se reproduise régulièrement. Alors que les pouvoirs publics étaient alertés de la multiplication des maladies émergentes, analyser l'épidémie comme un simple aléa naturel témoigne d'une ignorance délibérée des causes environnementales. Beaucoup d'entre eux ont pourtant décidé de ne rien en dire, nous préparant à nous adapter sans protester à un monde nouveau, dans lequel nous serions régulièrement appelés à vivre masqués, confinés et survaccinés jusqu'à la fin des temps.

Cette dissimulation de l'état de la science apparaîtra rétrospectivement comme le péché originel des gouvernants, qui ont fait le choix de la répression des citoyens, plutôt que celui de l'éducation et de la prévention. Nombre d'experts ont joué ici un rôle trouble de caution. Au lieu de favoriser une libre circulation du savoir, ils ont contribué à l'édification d'un monde binaire opposant les « populistes », accusés de nier le virus, et les « progressistes », soucieux « quoi qu'il en coûte » de la vie et de la santé. Dans ce monde simpliste opposant deux camps, toute forme de nuance et de discussion critique sur les mesures prises se sont progressivement éteintes, et avec elles la pluralité des voix du monde savant. L'analyse de Horton montre pourtant qu'entre le laisser-faire meurtrier et les stratégies radicales d'enfermement, toute une myriade de mesures d'une tout autre nature auraient pu s'imposer. Car l'autre révélation du *Lancet*, c'est que le modèle qui a servi de cadre mental aux scientifiques et qui a justifié le confinement de pays entiers n'était pas le bon : « Nous avons considéré que la cause de cette crise était une maladie infectieuse. Toutes nos interventions se sont focalisées sur la réduction des lignes de transmission virale, en vue de contrôler la propagation de l'agent pathogène. La "science" qui a guidé les gouvernements a été principalement conduite par des modélisateurs en épidémiologie et des spécialistes de maladies infectieuses qui, de manière tout à fait compréhensible, ont envisagé l'urgence sanitaire actuelle dans les termes séculaires de la peste. » Or, si le Covid-19 n'est certes pas une grippe, il n'a en réalité rien de commun avec la peste, dont les modes de transmission ont servi de modèle aux calculs des épidémiologistes, qui ont affolé les gouvernants. À la différence de ce que suggère dans nos imaginaires le terme de « pandémie », un mal qui frapperait tout le monde partout et n'importe quand (c'est le *pan-* du grec *pandêmia* qui désigne « le peuple tout entier » et, en l'occurrence ici, « toute la population mondiale »), ce virus ne peut avoir de conséquences graves, dans l'immense majorité des cas, que sur des organismes déjà affaiblis, soit par le grand âge, soit par des facteurs de comorbidité. Le caractère extraordinaire de cette épidémie est donc moins endogène au virus comme entité biologique qu'aux circonstances sociales et politiques qu'il révèle et que le confinement a d'ailleurs durablement aggravées, en augmentant les inégalités, en accélérant le délabrement du système de santé et en abandonnant à eux-mêmes une grande partie des patients (jusqu'à les laisser mourir seuls et sans soin – « restez chez vous », leur disait-on – pour ne pas contaminer les autres).

Ce que le virus, au fond, met à nu, c'est la contradiction entre les effets délétères sur notre santé de ce qu'on appelle à tort le « développement économique » et le sous-développement actuel de presque tous nos systèmes sanitaires, y compris ceux des pays les plus riches de la planète. Mais ce qu'il révèle aussi, c'est le modèle de développement aberrant dans lequel nos sociétés se sont enferrées en privilégiant, contre tout le reste, un arsenal biotechnologique extrêmement coûteux. À l'hôpital, la pression à « l'innovation » s'est progressivement imposée au détriment des soins de base, pourtant indispensables à la santé, mais toujours plus méprisés par les gestionnaires. Dans un tel univers mental, une infirmière, un geste de la main, une conversation entre médecins, la discussion avec les patients, les lits, les stocks de masques ou de blouses, et même les recherches sur les zoonoses, toutes ces choses constituant du « stock » au lieu de produire du « flux[2] », ont été accusées de nous faire perdre du temps dans la compétition mondiale. En édifiant ces géants biotechnologiques aux pieds d'argile, les plus grandes puissances mondiales se sont désarmées elles-mêmes face à l'irruption du virus. Le réquisitoire du *Lancet* dessine en creux un complet changement de programme. La seule issue face à cette crise et aux autres crises à venir serait d'investir massivement et en urgence, non seulement dans la recherche, mais aussi dans un système sanitaire et social qui puisse véritablement prendre en charge les patients, tout en développant un plan ambitieux pour une approche environnementale des questions de santé. Au lieu d'enfermer l'ensemble de la population jusqu'à la survenue du salut par l'industrie pharmaceutique, une telle politique aurait permis de soutenir plus que jamais toutes les activités vitales de l'ensemble de la population : le travail, l'éducation, la recherche, la culture, la vie sociale et politique en général sans laquelle toute organisation sociale ne peut que s'autodétruire à plus ou moins long terme.

Si nous ne vivons pas une pandémie, nous vivons bel et bien, en revanche, *en Pandémie*. Puisque ce n'est pas le terme adéquat pour décrire le mode de manifestation du virus, nous proposons que ce mot ou plutôt ce nom désigne, avec une majuscule, un nouveau continent mental, parti de l'Asie pour recouvrir l'Europe, puis pour s'imposer finalement en Amérique. Un continent aux contours flous et évolutifs, mais qui risque de durer des années et pourquoi pas des siècles et des siècles. Un continent dans lequel nos dirigeants nous disent que nous allons devoir changer toutes nos habitudes de vie et où l'on nous annonce que nous devrons adopter une nouvelle « culture » qui viendrait d'Asie. Un continent, enfin, dans lequel « la pandémie » n'est plus un objet de discussion dans nos démocraties, mais où la démocratie est elle-même, en Pandémie, devenue un objet discutable. Les Français vont devoir accepter de vivre à distance les uns des autres et apprendre la discipline indispensable à la survie du groupe, prévenaient dès le mois de mars les chroniqueurs, prenant en exemple ce qu'ils appelaient « le civisme des Asiatiques[3] ». Alors qu'en 2015, au lendemain des attentats de Paris qui avaient saturé les urgences, il n'était surtout pas question de renoncer à notre culture démocratique et de changer nos habitudes de vie, cette fois, « les Français » (ces « réfractaires » qui avaient tant protesté, manifesté et fait la grève) allaient devoir apprendre à marcher droit.

Notre hypothèse est que ce revirement n'est pas si brutal qu'il y paraît. Se préparant à bas bruit depuis plusieurs années, il s'explique probablement par un nouvel état du monde. Pour une bonne partie des classes dirigeantes qui a assisté avec effroi à l'arrivée au pouvoir de Donald Trump et de Boris Johnson, mais aussi au réveil des révoltes populaires un peu partout dans le monde, le modèle ne doit plus se chercher à l'Ouest mais à l'Est. Ce tout nouveau continent mental, avec sa langue, ses normes et son imaginaire, ce sont les dirigeants chinois qui ont été les premiers à l'explorer. C'est donc eux qui ont tout à nous apprendre, tandis que les Américains et leurs cousins britanniques n'ont rien vu venir. En Pandémie, c'est la Chine désormais qui domine. Non plus seulement économiquement. Mais aussi moralement, culturellement et politiquement.

Comme tout continent, la Pandémie a une langue qui se décline en idiomes nationaux. Mais ceux-ci traduisent des dispositifs inventés par la Chine : « confinement », « déconfinement » et « reconfinement », « traçage », « application » et « cas contacts ». C'est une esthétique nouvelle qui se dessine : « Un monde cybersécurisé où chaque individu est suspect (d'être malade), fiché, tracé, code-barrisé. Code vert : vous circulez. Code rouge : vous êtes arrêté-e. [...] Comment passe-t-on du vert au rouge ? C'est automatique : si vous croisez des gens malades, une zone infestée, voire des idées douteuses. Puissance balistique de la peur (de soi, de l'autre, de vivre, de mourir) » à l'ère du *big data*, « géré par un algorithme psychotique qui rêve d'une humanité productive et épouvantée[4]. » Ainsi s'impose, par une série de glissements insensibles, le nouvel imaginaire politique des *clusters* : rassemblements, places publiques ou universités sont étiquetés *a priori* comme des foyers infectieux, tandis que les lycées, les transports et les supermarchés sont réputés « sécurisés ». Cette nouvelle langue s'est aisément hybridée avec d'autres mots qui, en Amérique et en Europe, lui préexistaient : « *clusters* » donc, mais aussi « quarantaine » (raccourcie en « quatorzaine » puis en « septaine »), « plan de continuité des activités », « acceptabilité sociale » et finalement « couvre-feu ». À ce lexique hérité tantôt du Moyen Âge, tantôt de la gestion des risques, s'est ajoutée une série d'idiomes inventés par la francophonie : la « bulle de contact » (une invention belge), mais aussi (pour la France), les « attestations de déplacement dérogatoire », la « Nation et les vacances apprenantes » avec leurs « plages dynamiques » et, pour désigner les brebis égarées (supposées « populistes », voire « platistes »), les « anti-masques » (descendants directs des célèbres « anti-vaccins »), les « rassuristes » et les « covido-sceptiques ».

Écrasés par cette nouvelle langue, les mots qui s'imposaient jusque-là comme les piliers du monde de la santé n'ont plus cours. Le « consentement éclairé du patient » hérité du Code de Nuremberg, le respect de « l'autonomie » et la construction d'une « démocratie sanitaire » conquises de haute lutte grâce à la crise du VIH apparaissent brutalement, en Pandémie, obsolètes et hors de propos[5]. Les patients qui apprennent le diagnostic d'une maladie grave, ceux qui meurent ou qui donnent la vie doivent désormais mettre leurs « préférences » et leur « autonomie » en suspens, sans que l'on sache très bien quand va s'arrêter ce « régime d'exception » – puisque c'est le statut juridique de « l'état d'urgence sanitaire ». Et ce qui vaut pour les patients vaut aussi pour tous les autres. Puisque, comme habitants de ce nouveau continent, nous sommes tous potentiellement malades et à ce titre tous décrétés patients, comment pourrions-nous nous permettre de discuter les « consignes » édictées par la « doctrine sanitaire » ? Pour paraphraser Kant dans *Qu'est-ce que les Lumières ?*, comment pouvons-nous encore nous permettre d'« oser savoir » (*sapere aude !*), c'est-à-dire de faire valoir, face à toute règle, l'autonomie de notre raison ?

Tandis que les Lumières vacillent, c'est la démocratie – plutôt que la destruction de l'environnement et de nos systèmes de santé – qui se retrouve sur le banc des accusés. En Pandémie, le président de la Ligue contre le cancer peut déclarer tout à fait à l'aise, un matin sur la radio publique, qu'elle est désormais le problème et non la solution : « en contexte de pandémie, la démocratie est un inconvénient », surtout si elle s'avise de devenir « contestataire[6] ». Et l'autre invitée de l'émission, journaliste du service public, peut abonder dans son sens. C'est l'extraordinaire pouvoir de la dictature chinoise qui s'en est, d'après elle, le mieux sorti. Curieuse appréciation de la situation. Le pays qui, depuis des années, a laissé se multiplier de nouveaux virus sur ses marchés humides, qui prétend régler les questions sanitaires en industrialisant les élevages agricoles, qui vient de laisser le dernier virus en date se propager dans le monde entier, qui a liquidé ses lanceurs d'alerte à Wuhan, qui a dissimulé à l'OMS des milliers de morts et qui, avec le modèle du confinement, a détruit économiquement la vie de millions d'individus ainsi que leur santé physique et mentale, se voit ainsi, sur France Culture, cité en exemple pour sa gestion de la crise et son sens de la santé publique, sans que personne sur le plateau ne s'en émeuve. Comment a-t-on pu en arriver là ? Comment, au « pays des Lumières », un tel obscurantisme a-t-il pu prendre le pouvoir sur des esprits pourtant éduqués ?

Ce que cette crise nous révèle, c'est que la vision providentielle qui était celle de Tocqueville dans *De la démocratie en Amérique*, et qui fut longtemps enseignée à l'ENA et dans les écoles de journalisme, est définitivement démentie. Non, la démocratie qu'il a cru voir éclore en Amérique il y a deux siècles n'était pas appelée à se répandre partout dans le monde. Pour les anciens adorateurs de Tocqueville, c'est même finalement le contraire. Longtemps, ils ont bien sûr partagé les inquiétudes de leur maître, celle d'une « tyrannie de la majorité » supposée accompagner la démocratie comme son ombre. Mais ils ont pensé, comme lui, qu'une démocratie domptée par les classes dirigeantes était la seule issue qu'on pouvait opposer au dangereux pouvoir de la masse et qu'elle s'imposait, à ce titre, comme le sens de l'histoire. Ce récit tocquevillien, qui a triomphé avec la chute du mur de Berlin, n'est aujourd'hui plus le leur. Trente ans plus tard et en Pandémie, la démocratie est désormais disqualifiée comme une survivance dangereuse, à laquelle il faudrait se préparer à renoncer. Devant ce qu'ils appellent « l'explosion inquiétante des contaminations », et qu'ils devraient plutôt appeler « l'augmentation normale et prévisible des porteurs sains » (puisqu'elle est inévitable dans toute société où circule un virus et où l'on continue à vivre), nous n'aurions absolument plus le temps de débattre ni de délibérer. Nous serions en guerre, et nous sommes d'ailleurs en « état d'urgence ». Il ne nous reste donc plus qu'à accepter, sans discuter, la suspension de toutes nos activités jugées trop risquées. Le droit de contester les décisions politiques et de s'interroger sur le bien-fondé d'une norme, le droit aussi d'aller et venir à sa guise dans l'espace public, celui enfin de manifester son opinion dans la rue – tous ces droits imprescriptibles sont devenus désormais des « inconvénients », à la limite de la légalité et qui se trouvent progressivement suspendus.

Sauf si c'est pour soutenir une cause adoubée par le pouvoir. Alors que l'état d'urgence sanitaire vient d'être à nouveau décrété dans la plupart des grandes métropoles, le gouvernement n'hésitera pas dès le lendemain, suite à la décapitation d'un enseignant à Conflans-Sainte-Honorine, à appeler à d'immenses rassemblements. Empêchés de manifester (au nom du virus) contre les réformes en cours, les enseignants et tous les citoyens seront le même jour invités à manifester en masse contre le « séparatisme islamiste » et aux côtés des membres du gouvernement. À compter du 17 octobre, c'est le pouvoir exécutif qui désormais décidera des rassemblements dans la rue. Alors que sévit le couvre-feu, des millions de personnes seront appelées à s'amasser les unes contre les autres sur les places publiques, soudainement exemptées des « gestes barrières » et de la sacro-sainte « distanciation ». Alors surgit un soupçon : croient-ils vraiment eux-mêmes à l'infaillibilité de la « doctrine » qu'ils exposent sans relâche *ex cathedra* et sur les plateaux ? Si l'on peut s'amasser à dix mille sur les places publiques, pourquoi n'a-t-on pas le droit de s'asseoir à plus de six dans les parcs ? Quel est le statut juridique de cette exception au régime d'exception ? Et comment l'émotion collective peut-elle si facilement balayer la cohérence de notre État de droit ?

Le même jour, celui où l'on célèbre la liberté d'expression, une pétition lancée par des médecins demande à tous les rédacteurs de tribune de tout simplement se taire, pour ne pas ajouter de la confusion dans l'esprit des Français : « Dans cette période difficile, nous n'avons pas besoin de polémiques sur les mesures gouvernementales ; [...] nous n'avons pas besoin de tribunes bien-pensantes opposant indûment la liberté et la science et qui remettent en cause la plus élémentaire des valeurs humaines : se protéger et protéger les siens[7]. » Accusés quelques jours plus tard par le ministre de l'Éducation nationale d'un « islamo-gauchisme » complice de l'attentat, puis attaqués par le Sénat qui tentera de nier leurs libertés académiques au nom des « valeurs de la République », les chercheurs qui osent participer au débat public sont ici accusés d'aggraver le désastre sanitaire et, dans tous les cas, invités à se taire. Derrière ce conflit des facultés, singeant un affrontement factice entre la médecine, le droit et la philosophie, se cache en réalité une multiplicité de conflits qui traversent tous les champs académiques eux-mêmes, à commencer par celui des sciences de la vie et de la santé. Faut-il continuer à les dissimuler au public ? Notre pari est plutôt qu'il faut les exposer au grand jour et que c'est là la seule voie qui puisse aider les citoyens à réfléchir de manière critique aux rapports entre science et société. C'est aussi celui du *Lancet* qui, dans une langue claire et destinée à un large public, n'hésite pas à critiquer une partie de « la science » (« *the science* » écrit Richard Horton avec des guillemets) quand elle s'enferre dans ses certitudes et refuse de faire son autocritique.

Ce monde de Pandémie, où le pouvoir élimine la démocratie en soumettant la science à son propre agenda, est-ce là « le monde d'après » ? Nul ne le sait, et il ne s'agit pour l'instant que du monde rêvé par certains. Mais il est déjà largement réalisé par la Chine : « Le monde d'après, c'est un monde désinfecté mais pollué, c'est le monde d'avant mais en pire. En plus hygiénique. En plus eugénique. Exsangue. [...] Une humanité saine, silencieuse, censurée d'émotions, centrée sur l'amnésie du leader. Son dogme. Ses insomnies (de guerrier). Élevée dans la haine de la dissonance. Et l'amour de la Javel[8]. » Sauf que la suite de l'histoire n'appartient ni à la Chine ni à ses admirateurs, et qu'elle n'appartient d'ailleurs à personne. Parce qu'il n'y a pas de fin de l'histoire déjà écrite, l'issue dépendra aussi de notre empressement à défendre ou à enterrer la démocratie. Non pas comme règne du repli défensif sur les droits individuels, mais comme un régime redéfini par l'intensification de la vie sociale, par la reconquête des espaces publics et par la participation de tous à la science et au savoir, en particulier dans le champ de l'avenir de la vie et des vivants.

La conviction qui nous anime en prenant aujourd'hui la parole, c'est que plutôt que de se taire par peur d'ajouter des polémiques à la confusion, le devoir des milieux universitaires et académiques est de rendre à nouveau possible la discussion scientifique et de la publier dans l'espace public, seule voie pour retisser un lien de confiance entre le savoir et les citoyens, lui-même indispensable à la survie de nos démocraties. La stratégie de l'*omerta* n'est pas la bonne. Notre conviction est au contraire que le sort de la démocratie dépendra très largement des forces de résistance du monde savant et de sa capacité à se faire entendre dans les débats politiques cruciaux qui vont devoir se mener, dans les mois et les années qui viennent, autour de la santé et de l'avenir du vivant. Certes, tout est fait ces temps-ci pour nous en empêcher. Plongés dans ce continent mental de la Pandémie, qui entrave la critique et qui tue le réveil des aspirations démocratiques, nos esprits sont comme occupés. Il nous reste néanmoins deux armes : la diffusion de l'éducation et le rappel du droit, celles qui furent, justement, les bras armés de notre République. Ici se dessine, dans les temps obscurs que nous traversons, une mission historique pour les enseignants, les soignants, les chercheurs, les juristes et plus généralement tous les fonctionnaires qui doivent leur protection et la stabilité de leur statut à cette même République : celle de ne pas réitérer « l'étrange défaite » des clercs et des savants, si bien décrite par Marc Bloch dans son témoignage sur la débâcle.

Conjurer une telle issue implique de briser la loi du silence qui s'est imposée dans nos milieux et dans les médias. Elle suppose aussi que nos métiers retrouvent une forme de résistance face aux pouvoirs, en dépit des attaques dont ils ont été constamment victimes à la faveur des « réformes ». Elle implique enfin qu'ils réinventent ici et maintenant, là où chacun se trouve, le sens de la grève, de la manifestation et de la mobilisation générale, en les libérant des limitations sectorielles et à courte vue dans lesquelles ils se sont trop souvent enferrés. Pour montrer qu'une telle issue est encore possible, nous proposons de reprendre le fil de notre histoire là où elle s'est arrêtée et de la raconter en trois temps[9] : celui du confinement (17 mars – 10 mai), puis du déconfinement (11 mai – 31 août) et enfin du reconfinement, avec son basculement dans une longue nuit sans Noël (1er septembre – 28 novembre). À chaque fois, nous essaierons de montrer qu'au milieu de ce champ de ruines, il y avait, il y a toujours et il y aura, pour quelque temps encore, des alternatives et de formidables occasions de reconstruction.

LE CONFINEMENT. NI STRATÉGIE, NI COMPLOT, MAIS PANIQUE ET ENTÊTEMENT (17 MARS – 10 MAI 2020)

> « *Jusqu'au bout, notre guerre aura été une guerre de vieilles gens ou de forts en thèmes, engoncés dans les erreurs d'une histoire comprise à rebours : une guerre toute pénétrée par l'odeur de moisi qu'exhale l'École, le bureau d'état-major du temps de paix ou la caserne.* » *(Marc Bloch,* L'Étrange Défaite, op. cit., *p. 158)*

De la Chine aux États-Unis, la plupart des gouvernements ont commencé par s'enferrer dans le déni. En Chine d'abord, le pouvoir central a commencé par punir le médecin de Wuhan lanceur d'alerte, mort quelques jours plus tard du Covid-19. En Europe ensuite, la plupart des gouvernements ont privilégié les exigences de la mondialisation sur toute autre considération. Dans un monde fondé sur l'accélération des flux, il semblait inimaginable d'entraver la circulation des biens et des personnes. Et quand les frontières ont été refermées par des adversaires affichés de la mondialisation comme Donald Trump, le virus a été laissé à lui-même à l'intérieur du territoire, s'attaquant mortellement aux plus pauvres et aux plus vulnérables. Ici comme là, il semblait impensable de s'en prendre à « l'économie ». Néolibéraux mondialistes et ultralibéraux nationalistes se sont au moins retrouvés sur un point : il fallait laisser faire ce virus, soit parce qu'il n'était pas si grave (une « grippette ») et que notre système sanitaire « était prêt », soit parce qu'il n'éliminait que les faibles et qu'il épargnait les plus forts.

Jusqu'au 6 mars 2020, Emmanuel Macron lui aussi a nié la réalité du problème. Ce jour-là, mettant en scène une sortie au théâtre avec son épouse, il a insisté sur la nécessité de « ne rien changer à nos habitudes de vie ». Moins d'une semaine plus tard, il décidera pourtant de fermer toutes les écoles (12 mars), puis tous les cafés et restaurants (14 mars) et finalement tout le pays (17 mars). Comment comprendre un revirement aussi spectaculaire ? L'erreur ici serait de chercher un plan ou une stratégie. En essayant de reconstituer un puissant complot, on prêterait beaucoup de rationalité à un pouvoir qui, en la circonstance, en a été singulièrement dépourvu. À l'opposé de l'intelligence tactique, il faut plutôt aller chercher du côté de la peur, qui est souvent le mobile principal des grandes défaites. Ce gouvernement, qui va se mettre à gouverner systématiquement par la peur à compter de cette date, a été lui-même, à partir de là et de bout en bout, gouverné par la peur. Par la peur panique du virus bien sûr, mais aussi par celle de la révolte sociale.

On peut imaginer que les prédictions vertigineuses de l'Imperial College de Londres ont pesé dans la décision. Mais d'autres gouvernements à travers le monde ont résisté aux conclusions de Neil Ferguson et de son équipe, qui conduisaient à discréditer toute autre politique que celle du confinement, et qui furent discutées dès le départ par une partie du monde scientifique[10]. Le vrai mobile de la décision fut probablement ailleurs. Affrontant depuis plusieurs mois la colère de l'hôpital, Emmanuel Macron s'est trouvé confronté à la réalisation spectaculaire d'une autre prédiction, celle qu'on lisait depuis des mois sur les banderoles des manifestants : « l'État compte ses sous, on comptera les morts ». La seule perspective de voir, sur les chaînes d'information en continu, des hôpitaux complètement débordés puis, comme en Italie, une accumulation de cercueils aux portes des villes, aurait valu comme un réquisitoire et elle a tétanisé le pouvoir. Voulant déjouer tout risque de procès et toute flambée de la colère, il a alors décidé de frapper très fort, optant pour un confinement total et de longue durée – mesure d'enfermement qui n'a nullement empêché, bien au contraire, l'hécatombe invisible de milliers de résidents dans les EHPAD et la dégradation silencieuse de l'état de santé de milliers de malades – « Covid » ou « non-Covid » –, enjoints par le gouvernement à « rester chez eux ».

À cette première peur s'en est ajoutée une autre : celle de devoir affronter un mouvement de panique de la population. Pendant une longue semaine, le gouvernement a dissimulé les décisions qu'il avait prises. Faisant le choix d'une annonce par palier, il a voulu préparer les esprits « en douceur », laissant s'organiser les plus agiles et les mieux lotis. Tous les autres, qui sentaient que quelque chose de grave se préparait, s'en remirent aux rumeurs et aux réseaux sociaux pour essayer de deviner la suite. À tous les étages, c'est la *défiance* qui s'est alors installée comme le mode de relation principal entre les gouvernants et les gouvernés, défiance instaurée par les gouvernants eux-mêmes, pourtant si prompts à l'imputer aux citoyens. Le contrat tacite des Lumières, fondé sur une rationalité partagée, se trouvait dorénavant rompu. La vieille tendance des néolibéraux à faire la leçon à une population jugée inapte et à lui asséner la « pédagogie des réformes » cédait la place à une *infantilisation générale de tous les actes de la vie*, publique et privée. Au nom de la bienfaisance et de la bienveillance et en instaurant un régime d'exception, le Président pouvait dès lors s'ériger comme le « tuteur » de toute la population. En lieu et place d'une communauté de citoyens, nous étions revenus au stade pastoral du « troupeau », celui dont il s'était justement agi de sortir avec les Lumières. Dégradés au rang de « mineurs » incapables de maîtriser nos penchants, la totalité de nos comportements devenaient à partir de là suspects d'« indiscipline », elle-même responsable des fameux « *clusters* ». Le pouvoir opérait lui-même le tri entre les bonnes activités (aller au travail, prendre les transports en commun, faire ses achats, voter le 15 mars pour les municipales, manifester le 18 octobre contre l'horreur islamiste) et les mauvaises, suspectes de « contamination » (aller à l'université, manifester dans la rue pour des causes non validées par le pouvoir, se rassembler en famille ou entre amis, se marier, enterrer ses morts...). En dehors de tout contrôle démocratique, le pouvoir politique devenait – pour une durée indéfinie –

l'instaurateur du grand partage entre « l'essentiel » et « l'inessentiel ».

Ainsi s'opérait, dès les premières heures, une spectaculaire inversion des responsabilités. Alors que les citoyens étaient les victimes d'une politique qui avait désarmé le système sanitaire, le gouvernement inversait la charge en l'imputant aux citoyens eux-mêmes, c'est-à-dire aux victimes non consentantes de ces décisions, déclinant un agenda qui n'avait jamais été affiché comme tel dans les programmes électoraux. Cette inversion des rôles, le préfet Lallement allait finir par la résumer de la manière la plus brutale, en inventant une « corrélation très claire » entre la courbe des hospitalisations et l'indiscipline des Français. La preuve, poursuivait-il dans son raisonnement épidémiologique fantaisiste, tous ceux qui affluaient aujourd'hui aux urgences étaient ceux qui se promenaient quelques jours plus tôt dans les parcs et les jardins.

Or si rien n'a obéi ici à un plan préalable et moins encore à un complot, tout n'a pas relevé de l'improvisation. La décision du confinement, si elle fut largement liée à une « panique des élites[II] », a aussi révélé la conception profonde que le pouvoir se faisait du *dêmos*, et dont les premiers germes se trouvaient déjà chez les théoriciens de la démocratie libérale des siècles précédents. Ce qu'il s'agissait d'éviter, c'était que « la démocratie [soit] abandonnée à ses instincts sauvages » et qu'« elle [grandisse] comme ces enfants, privés des soins paternels, qui s'élèvent d'eux-mêmes dans les rues de nos villes, et qui ne connaissent de la société que ses vices et ses misères[12] ». Le motif d'inquiétude n'était pas uniquement moral, il était aussi épistémique. Ignorante et aveugle, la démocratie devait avouer son inexpérience et s'en remettre aux sachants, c'est-à-dire ici aux dirigeants : « Instruire la démocratie, [...] substituer peu à peu la science des affaires à son inexpérience, la connaissance de ses vrais intérêts à ses aveugles instincts ; [...] tel est le premier des devoirs imposé de nos jours à ceux qui dirigent la société. »

Pendant toute la crise, les dirigeants ont ainsi affiché leur prétention au savoir. Migrant brutalement des prétendues « lois de l'économie » vers celles des épidémies, leur « savoir » a repris un mode de fabrication déjà éprouvé dans le domaine de « l'expertise » économique. Il s'est fabriqué au jour le jour en hybridant quelques données médicales parcellaires (courbes et recommandations) et de nouvelles techniques de gouvernement, nées de la rencontre entre les neurosciences et l'économie comportementale : celles de la théorie du *nudge* ou du « coup de pouce », méthode de gouvernement par l'incitation douce montant en puissance depuis les années 2000[13]. C'est cette vision de l'action publique qui a été chargée par l'Élysée, en toute discrétion, de gouverner la crise à travers la création de deux *Nudge Units*, l'une déjà mise en place dès mars 2018 au sein de la « Direction interministérielle de la transformation publique », l'autre créée dans l'urgence le 17 mars pour imposer la décision inouïe, inimaginable quelques jours plus tôt pour les dirigeants eux-mêmes, d'un confinement de toute la population[14]. C'est elle, notamment, qui a conçu « l'attestation dérogatoire de déplacement ». Elle l'a fait en suivant des principes anthropologiques douteux qui n'ont jamais été discutés dans l'espace public[15] et qui méritent, pour cette raison même, qu'on s'y arrête.

L'histoire de cette anthropologie plonge ses racines dans un « nouveau libéralisme » autoritaire qui remonte aux années 1930 et qui opère une rupture majeure avec le libéralisme classique. Car si les anciens libéraux déniaient déjà toute rationalité au *dêmos*, ils croyaient en revanche dur comme fer à celle de l'individu égoïste. C'est sur ce postulat en effet, celui d'un *homo œconomicus* calculant au mieux ses bénéfices et ses risques, qu'ils édifièrent leur croyance en la nécessité de laisser faire les interactions spontanées de la société civile et du marché et de limiter en conséquence le pouvoir du gouvernement. Or à partir des années 1930, les libéraux eux-mêmes furent obligés de constater, avec la Grande Dépression, les dégâts économiques produits par leur propre fiction. S'inspirant de la psychologie évolutionniste, ils en déduisirent une anthropologie nouvelle, marquant une rupture complète avec l'optimisme d'Adam Smith : celle d'une espèce humaine inadaptée, affectée de mauvais penchants et toujours en retard sur les événements[16]. Contre les anciens libéraux, ils défendirent dès lors le retour d'un État fort, chargé de fabriquer le consentement des populations à une échelle industrielle en vue de les conduire, de préférence en douceur et avec leur accord, dans la bonne direction, conception qui triompha lors du colloque Lippmann de 1938, marquant la date de naissance officielle du néolibéralisme.

À la lumière de ce rappel, on réalise que l'économie comportementale n'invente rien de vraiment nouveau. Dans leur célèbre ouvrage de 2008 sur le *nudge*, Richard Thaler et Cass Sunstein se contentent de moderniser cette conception à la fois douce et autoritaire de l'action publique qui remonte en réalité aux années 1930. En lui ajoutant un vernis pseudo-scientifique inspiré des neurosciences, ils défendent exactement le même postulat : celui d'une espèce humaine lestée de « biais cognitifs » et incapables de choix rationnels[17]. Mais ce faisant, ils offriront à l'entêtement du pouvoir dans le même programme une sorte de caution scientifique. Car pour ces nouveaux économistes en effet, c'est toujours la déficience épistémique des populations, et jamais celle des pouvoirs dominants, qui est censée expliquer le basculement dans un monde de crises permanentes. Plutôt que de s'interroger sur l'organisation économique et sociale qui à chaque fois conduit à ces crises, l'économie doit se faire « comportementale », c'est-à-dire qu'elle doit viser la transformation des comportements individuels, présentés comme seuls responsables de la situation. Ce faisant, ces nouvelles « sciences » de l'action publique ont conforté, hors de tout débat public, l'inversion des responsabilités que, dans la panique, le gouvernement essayait d'imposer aux citoyens.

La peur s'est alliée ici à un faux savoir, profondément enraciné dans les plus hautes sphères du pouvoir.

Au même moment, toute critique des manipulations du savoir par le pouvoir allait être immédiatement accusée de « complotisme », au mépris des cris d'alarme des plus grandes revues scientifiques elles-mêmes sur les grossières manipulations scientifiques présentées, en Pandémie, comme désormais légitimes[18]. Ces mécanismes insidieux contribuèrent à installer, dans la conversation scientifique, une véritable chape de plomb et cette atmosphère d'« étrange défaite », condamnant à se taire beaucoup de ceux qui pourtant savaient et qui préférèrent se confiner en attendant des jours meilleurs. Dans les médias, on laissa aux provocateurs habituels, ultra-réactionnaires ou libertaires, le soin de défendre les libertés de l'individu contre la « dictature sanitaire », histoire de dire qu'on était encore en démocratie. Mais l'essentiel était sauf : entre personnes civiques et éduquées échangeant dans l'espace public, la conversation politique sur la crise sanitaire était désormais suspendue.

Dans ces nouvelles techniques de gouvernement recourant au *nudging*, les suggestions les plus efficaces furent celles, infra-conscientes, qui permettaient de fabriquer à l'avance le consentement, rebaptisé en contexte sanitaire « l'acceptabilité sociale » des consignes. Au lieu de recueillir la volonté générale des citoyens, et au lieu de contribuer à sa formation en intensifiant le débat public, le pouvoir s'appliqua, avec l'aide de l'industrie médiatique, à construire une vaste « manufacture du consentement[19] ». Dès le mois de mars, on assista ainsi à la fabrication industrielle d'un nouveau lexique. Reprenant la technique des *nudges*, celle d'une modification des comportements par la modulation des environnements, cette nouvelle langue était chargée de conditionner intimement nos façons de penser, en dessinant à l'avance nos « architectures de choix[20] ». En implémentant cette langue nouvelle dans nos propres manières de parler, qui allaient opposer de manière binaire la « distanciation sociale » et le « relâchement », les « gestes barrières » et les « *clusters* », la « confiance » et la « défiance », le « civisme » et le « rassurisme », et en redessinant à travers elle l'opposition manichéenne entre le règne du Bien et celui du Mal, le même arbre de décision allait insidieusement s'implanter dans les esprits, imposant une adhésion immédiate aux consignes et désactivant tout examen critique, public et privé, par les consciences.

Dès le départ, le malaise d'une partie des citoyens se fit sentir, qui s'estimèrent infantilisés, mais l'on en resta au plan de la psychologie et l'on ne dit pas suffisamment ce que signifiait, dans l'histoire politique de notre République, un tel basculement. On oublia de remarquer qu'Emmanuel Macron avait fait une nouvelle fois le choix, deux ans après l'affaire Benalla, de rompre avec toutes les institutions républicaines chargées d'assurer notre sécurité en cas de crise sanitaire et qu'il avait imposé à leur place d'obscurs groupuscules mêlant les pseudo-sciences du *nudging* aux faux savoirs des cabinets de *consulting* qui gangrenaient de longue date les hautes sphères du pouvoir. Dès les premiers jours de la crise, le président de la République fit en effet ce choix inouï de commencer par écarter tous les dispositifs nationaux de santé publique (le Plan pandémie, Santé Publique France, le Haut Conseil de la Santé publique, la Haute Autorité de Santé, la Conférence nationale de Santé, L'Agence nationale de Sécurité sanitaire), eux-mêmes irrigués par un savoir universitaire inscrit dans les échanges scientifiques internationaux, et d'imposer à leur place, « hors de tout cadre réglementaire existant[21] », une succession de conseils dépourvus de toute légitimité institutionnelle. Les *Nudges Units* donc, mais aussi deux organes successifs constitués à sa main : d'abord le « Conseil scientifique » créé le 10 mars, puis le CARE, « Comité Analyse Recherche et Expertise », créé le 23 mars – auxquels allait s'ajouter un détournement inédit du « Conseil de défense » militaire, chargé d'établir dans le secret les plans conditionnant l'intégralité de nos vies pour une durée indéterminée.

Les consignes produites par ces conseils quittaient, en même temps que le domaine de la République, la sphère du droit. Fabriquées sans fondement rationnel explicite, il suffisait qu'elles soient proférées à la radio par un ministre ou qu'elles figurent dans le mail d'un chef de service pour qu'elles s'imposent dans les esprits comme « la règle » et pour que le respect de la lettre de la loi soit suspendu.

Arbitraires dans leur mode de fabrication, elles devenaient aussi massivement inégalitaires. Une fois le port du masque devenu obligatoire, les personnages publics purent continuer à s'en excepter, en même temps qu'ils dérogeaient quotidiennement au confinement. Ainsi de ces chefs de service hospitaliers, qui traversèrent constamment Paris pour se rendre sur les plateaux de télévision et pour nous répéter qu'il fallait à tout prix rester chez nous. Ou encore de Roselyne Bachelot, qui arborait un magnifique sourire sous son rouge à lèvres pour nous asséner toujours le même message : restez chez vous ! Et portez donc le masque en toutes circonstances[22] ! Les gros plans des caméras sur ces corps déconfinés et ces visages démasqués nous faisant la leçon étaient pourtant cruels. Mais rien, dans le débat public, ne leur fut opposé. Au nom de quoi ces individus pouvaient-ils s'excepter du masque et du confinement ? On eut beau réfléchir, on ne voyait pas en quoi ces conversations à bâtons rompus pouvaient être jugées plus « essentielles » que nos discussions de comptoir, nos dîners entre amis, nos réunions de travail, nos assemblées générales et nos colloques, ou les cours de nos écoles et de nos universités, tous suspendus – ou plus exactement congelés sur *Zoom* – pour raison sanitaire. On se sentit humiliés et profondément blessés. Mais personne ne prit la parole pour le dire.

Pendant ce temps, à l'hôpital, une autre inversion s'était produite du jour au lendemain. Pendant quelques semaines d'exception, une partie des soignants avaient repris la main sur les gestionnaires. L'aveuglement épistémique et la responsabilité morale de ces derniers apparaissaient désormais au grand jour. En croyant pouvoir empêcher les stocks et réguler les flux, en ayant détruit – entre mille autres choses – 100 000 lits en vingt ans[23], ils avaient eux-mêmes fabriqué les conditions structurelles pour une suite de vagues destructrices, dont on ne pourrait sortir qu'en reconstruisant entièrement l'édifice sanitaire. Au manager, qui avait dit pendant des années aux soignants : « voici le but à atteindre, la façon de l'atteindre vous incombe, vous en êtes responsables », obligeant le médecin « à faire un tri en lui imputant le risque médical, voire juridique de le faire », le même médecin pouvait désormais remettre les choses à l'endroit en lui retournant l'injonction : « voici le but à atteindre », et c'est à vous désormais que les moyens incombent[24]. Un milliard pleuvait soudain, telle la manne dans le désert, sur l'hôpital public. Mais le miracle serait de toute durée et la douche du Ségur allait être très froide pour les soignants. Au même moment, Emmanuel Macron méditait sa véritable réponse avec ses conseillers, qui lui préconisaient dans une note confidentielle de vendre l'hôpital public à la découpe, en confiant son sort à sept cents *start-up*, des grandes compagnies d'assurances et des grands groupes pharmaceutiques[25].

Avec le renversement éphémère de l'ordre ancien, c'est tout un ensemble de métiers que l'on reconnaissait enfin comme indispensables à la vie et qui, un temps seulement, firent « échec au roi ». Sauf que dans le même temps, tous ceux qui n'étaient ni en réanimation, ni en première ligne, continuaient de subir la pression des managers, des cadres et des chefs, décuplée par le régime d'exception. Il devint ainsi « légal » d'empêcher un malade du cancer en fin de vie de voir une dernière fois ses amis, d'isoler des patients en dépression ou des vieillards en EHPAD de tout contact humain, de refuser à un mourant d'embrasser ses proches avant le trépas, d'obliger une parturiente à traverser les douleurs de l'accouchement en s'étouffant avec son masque, de renvoyer des enfants battus chez leurs parents maltraitants. Pour beaucoup de soignants, ce fut une nouvelle occasion d'obéir et de s'adapter, en faisant preuve de « résilience » et d'« agilité ». Mais pour beaucoup d'autres, ce fut la trahison de trop, celle qui déclencha une vague sans précédent de dépressions et de démissions, désarmant un peu plus le système sanitaire pour la prochaine vague.

La même entreprise de destruction se déploya dans le monde de l'éducation. Une armée de petits chefs imposa la « continuité pédagogique » pensée par les ministères et qui consistait à renvoyer, quoi qu'il en coûte, tous les élèves et les étudiants dans leurs foyers. Du côté des enseignants, on oscilla entre le dévouement, la résistance et l'abattement. Du côté des familles, entre l'adaptation et la dépression. Pour les foyers les plus « résilients », ce fut là encore une occasion créative de s'adapter, en inventant une autre manière de vivre et en écoutant enfin le chant des oiseaux. Mais pour beaucoup d'autres, ce fut l'occasion de dégâts parfois irréversibles, détruisant des chemins fragiles de vie qui ne tenaient qu'à un fil, et emportant sur leur passage des individus ou des familles qui s'étaient imaginés plus résistants dans l'épreuve. Ce que (presque) tout le monde comprit alors, c'est que la vie sociale était le tissu vital sans lequel les individus et leurs foyers ne pouvaient se soutenir tout seuls bien longtemps.

Le traumatisme que nous avons traversé à cette occasion, et qui aurait conduit un Français sur dix à « envisager sérieusement le suicide[26] », ne fut nullement programmé par une stratégie. Mais il a été contemporain d'une série d'effets d'aubaine, dont beaucoup de gouvernants ont su, au moins en un premier temps, habilement se saisir. En Algérie ou à Hong Kong, la crise sanitaire a permis d'accroître la répression politique contre les opposants. En France, elle a mis un brutal coup d'arrêt aux mouvements sociaux. Mais elle a aussi accéléré un programme politique théorisé de longue date : celui d'un virage ambulatoire universel, où chacun serait désormais renvoyé à son foyer. Dans le monde de la santé, on continua d'optimiser les flux et de réduire les stocks en accélérant la conversion à la e-santé. Dans les écoles, les collèges et les lycées, on expérimenta à grande échelle le programme du ministre Jean-Michel Blanquer : la transformation de tous les enseignants en « professeurs du XXIe siècle » sur les plateformes numériques. À l'Université enfin, on se mit en ordre de marche pour déployer une « stratégie numérique » théorisée depuis les années 2000. De la maternelle à l'Université, on consacra la conception néolibérale de l'éducation, vidée de tout contenu collectif pour être réduite à une consommation de contenus et une capitalisation par les individus et leurs familles d'un « portefeuille de compétences » ou d'un « capital formation » permettant à chacun de s'adapter à un environnement compétitif et incertain.

Les excès de zèle des plus *compliants* à cette expérience grandeur nature se drapèrent dans les habits de « l'esprit collectif ». Les chroniqueurs félicitèrent les Français pour ce nouveau « sens civique » qu'ils prêtaient aux citoyens chinois et qui fit le nid d'innombrables délations. En Pandémie, un nouvel ordre moral se mit à régner, dans lequel il était normal d'abandonner à leur sort les plus précaires au nom du respect des plus fragiles. Sous les habits du civisme, les foyers confinés étaient en réalité encouragés à se replier sur eux-mêmes pour se protéger, « eux et leurs proches », tout en continuant à poursuivre sur *Zoom* la course compétitive entre agents égoïstes pour la conquête des meilleures places. De sorte qu'on put se demander si ce virus ne réalisait pas finalement le rêve ultime des néolibéraux : chacun, confiné seul chez soi devant son écran, participant à la numérisation intégrale de la santé et de l'éducation, tandis que toute forme de vie sociale et d'agora démocratique était décrétée vecteur de contamination. S'il avait commencé par mettre à bas le discours néolibéral sur la mondialisation, le virus semblait lui permettre, avec le virage numérique, de retomber sur ses pieds.

Mais l'effet d'aubaine fut de courte durée. Car ce que tous redécouvrirent alors, de l'Université de Yale aux collèges de Bordeaux en passant par les CHU et les grands lycées parisiens, c'est que l'éducation comme la santé impliquaient non seulement un tissu de relations réelles et en présence, faites d'affectivités et d'interactions, mais qu'elles étaient aussi et surtout, chacune à leur manière, un ensemble d'actions sociales, qui ne pouvaient se soutenir que collectivement. Si certains continuèrent de s'arc-bouter sur leurs vieux schémas, espérant imposer de force aux « Amish » les mutations de la 5 G[27], la plupart firent dans leur chair l'expérience douloureuse d'un soin et d'un enseignement vidés de leur nature collective et dégradés par le capitalisme numérique au statut de produits consommables. Donnant à des générations entières d'élèves, d'étudiants, d'artistes, d'enseignants, de soignants, de patients et de citoyens déshydratés une soif inédite pour la reprise de la vie collective, cette expérience leur fit prendre conscience de la nécessité vitale des institutions sociales par lesquelles une société se soigne, s'éduque, se cultive et participe collectivement au savoir, désactivant l'alliance morbide entre la compétition interindividuelle et son envers, les pulsions suicidaires de ceux qui échouent. À ce titre, cette première période fut, pour les rapports entre science, éducation et démocratie, une première victoire. À la sortie du confinement, nous voulions (presque) tous nous revoir et reprendre ensemble, en chair et en os, nos discussions collectives éclairées sur l'après, en même temps que notre enquête sur les causes qui avaient détruit le monde d'avant. Si nous ne versions pas dans le fantasme d'un *complot*, et si nous n'étions pas certains qu'il y ait eu une *stratégie*, nous voulions néanmoins plus que jamais discuter de ce vieux *programme* qui nous avait été pendant des années imposé et dont nous venions de voir à nu, alors qu'il s'avançait sans résistance sous nos yeux, les immenses dégâts collatéraux. Beaucoup d'entre nous espérèrent alors, ressentant cet élan politique nouveau, retrouver tous les autres à la sortie pour essayer d'imaginer ensemble autre chose.

LE DÉCONFINEMENT : L'IMMENSE DÉCEPTION D'UNE SOCIÉTÉ DÉCONFITE (11 MAI – 31 AOÛT 2020)

> *«Mais la langue ne se contente pas de poétiser et de penser à ma place, elle dirige aussi mes sentiments, elle régit tout mon être moral d'autant plus naturellement que je m'en remets inconsciemment à elle. Et qu'arrive-t-il si cette langue cultivée est constituée d'éléments toxiques [...]? Les mots peuvent être comme de minuscules doses d'arsenic: on les avale sans y prendre garde, ils semblent ne faire aucun effet, et voilà qu'après quelque temps l'effet toxique se fait sentir.» (Victor Klemperer,* LTI. La Langue du IIIe Reich *(1947), Albin Michel, 1996, p. 40)*

Les librairies furent prises d'assaut, les festivals affichèrent complet. Mais le président de la République décida tout seul, le 13 avril, de fermer les universités jusqu'à la fin de l'été. Cette décision arbitraire, dont on ne connut jamais les raisons, fut annoncée dans l'indifférence générale. Les décomptes morbides du directeur général de la Santé, Jérôme Salomon, avaient fait leur effet. En Pandémie, beaucoup voulaient désormais rester aux abris et ce sont eux qui imposèrent leur vue à tous les étudiants, les enseignants et les chercheurs qui avaient un besoin vital de se retrouver. La décision présidentielle trouva même des appuis du côté des partis de gauche et des syndicats. Enfermés dans une opposition simpliste entre la « santé » et « l'économie », ces derniers crurent résister au grand capital en prônant un confinement volontaire à durée indéterminée et tombèrent à leur tour dans le panneau des chroniqueurs, qui présentaient la peur du virus « pour soi-même et pour ses proches » comme un nouveau civisme, celui d'une société du soin où primerait le collectif. La protection des personnes à risque était, évidemment, une nécessité absolue. Mais pour être efficace, elle aurait dû justement ne pas céder à l'imaginaire fallacieux de la Pandémie : celui d'un monde où chacun était, à égalité, menacé de mort en quittant son foyer. Ce déconfinement raté fut le début d'une longue séquence politique inédite, dans laquelle tous les partis d'opposition renoncèrent à discuter, dans les grands médias, les décisions sanitaires du gouvernement. En Pandémie, « la santé » n'était plus un objet de discussion rationnelle soumis aux arbitrages de la démocratie. Elle s'imposait comme un nouveau pouvoir transcendant ou sacré, interdisant toute profanation par une discussion éclairée, qu'elle soit politique ou scientifique.

Certains dénoncèrent alors un nouveau pouvoir, prêtant au gouvernement une soudaine idolâtrie de la « vie nue[28] ». Mais c'était tomber dans un autre panneau. Car à y regarder de plus près, les décisions du gouvernement ne furent jamais guidées par un souci réel de la vie et de la santé. Après avoir reconduit une vieille politique d'austérité essorant le système sanitaire, il y eut bien sûr l'affaire des masques, où le gouvernement préféra laisser courir les contaminations plutôt que de reconnaître les erreurs du passé – et où l'ARS Nouvelle Aquitaine fit brutalement disparaître des écrans, du fait de la pénurie, sa campagne sur les « super héros portant le masque » et sur leurs « supers pouvoirs[29] ». Il y eut aussi toutes les victimes sanitaires indirectes du confinement, celles qui dans les EHPAD, à domicile et dans les autres services hospitaliers, Covid ou non-Covid, étaient soustraites au regard des caméras. Il y eut encore la débâcle des tests, où le ministre de la Santé accumula les retards et préféra faire du chiffre, en livrant un million de tests par semaine à une population désorientée, sans la moindre stratégie de dépistage[30]. Il y eut enfin l'absence complète de prise en charge des publics à risque, qui furent renvoyés autoritairement sur leur lieu de travail, contre l'avis du Haut Conseil de la Santé publique[31], par un décret du 31 août, lui-même annulé par le Conseil d'État le 15 octobre. Il n'y eut jamais, au fond, ni de stratégie de santé publique ni de grand plan de reconstruction du système sanitaire qu'une telle catastrophe avait pourtant rendu indispensables. Plutôt que de dénoncer le prétendu pouvoir de la « vie nue », c'est de cela, justement, qu'il aurait fallu rationnellement discuter. Et c'est à cela, notamment, qu'aurait dû servir la réouverture des universités.

Au lieu de retrouver l'air printanier des parvis et des campus, l'immense majorité des universitaires basculèrent dans une activité intégralement numérique, poursuivant l'isolement du confinement. Les colloques devinrent virtuels, les séminaires mutèrent en *webinaires* et les réunions pour organiser un simulacre d'examens en ligne dégénérèrent en une *zoomite* aux effets délétères. Un processus de congélation se mit à décomposer la pensée et le savoir universitaire, interrompant pour longtemps la conversation scientifique et abîmant durablement nos collectifs de travail. Il était pourtant plus qu'urgent que nous nous retrouvions pour enquêter ensemble sur les causes de la catastrophe. Ce rendez-vous, auquel beaucoup d'entre nous aspiraient depuis mars comme à une planche de survie, fut au mois de mai annulé *sine die*. Il contribua à l'immense déception du « monde d'après » : celui d'une société déconfite, qui ne parvint pas à se retrouver.

C'est à ce moment que triompha, dans les têtes, la « distanciation sociale ». Certains se demandèrent s'il n'y avait pas là une forme de lapsus du gouvernement. Désignant les distances physiques de sécurité, l'expression de « *social distancing* », reprise à l'anglais des épidémiologistes, trahissait peut-être ici un projet politique inavouable : celui d'une dissolution des mouvements sociaux qui, depuis deux ans, avaient bloqué le gouvernement français dans ses réformes. Qu'il se soit agi d'un lapsus ou d'un choix délibéré, l'expression se répandit comme une traînée de poudre et elle fonctionna comme un *nudge* efficace, décourageant toute forme de reprise de la vie sociale, en particulier chez ceux qui se devaient d'afficher un comportement « responsable ». Chez les plus diplômés, une sorte d'hésitation et même de honte s'installa, qui décourageait par avance toute participation à la vie collective. Devant chaque invitation à se réunir, un scrupule à chaque fois s'instillait dans les consciences. Ne fallait-il pas plutôt respecter la « distanciation sociale » ? À la faveur des suggestions inconscientes de ce nouveau lexique, l'immense majorité des mouvements sociaux organisèrent eux-mêmes leur propre dissolution. Pendant toute la fin du printemps, il fut bien vu, en effet, de déserter les agoras démocratiques, les assemblées générales et les manifestations dans la rue, tout en se pressant dans les commerces et dans les transports en commun.

On assista impuissants à la réouverture en fanfare du Puy du Fou, le grand parc de loisir vendéen de la droite conservatrice, et à la fermeture brutale du trente-huitième Marché de la Poésie, annulé par le mutisme volontaire du préfet de Paris[32]. Le travail critique sur la langue était pourtant devenu, plus que jamais, une affaire de salubrité publique. Rien d'étonnant donc si, dans ce nouveau régime d'exception, la langue des dominants fut autorisée à broyer celle, subtile, fragile et exigeante, des poètes. Si l'on avait pu se retrouver place Saint-Sulpice, il aurait fallu d'urgence analyser « l'effet toxique[33] » de ces mots nouveaux que tous, sans réfléchir, se mettaient à reprendre à leur propre compte. On aurait ainsi réalisé ensemble que sous les prestiges du « distan-ciel », suggérant la distinction de la distance et le bleu du ciel, se dissimulait la pérennisation de ce que les « plans de continuité » avaient appelé, avec plus de franchise, « le mode dégradé ». Et que son double, « le présentiel », tendait à présenter la coprésence réelle, en chair et en os, comme une simple option, possiblement coûteuse et en partie dépassée. La ministre de l'Enseignement supérieur nous expliquerait bientôt que pour enseigner, le « présentiel », c'était important, car il fallait de temps en temps du « contact », surtout avec « les plus fragiles ». Mais l'essentiel se jouait ailleurs. Si l'enseignant devait condescendre, à intervalle régulier, à un peu de « contact », il serait invité dès la rentrée à trôner, tout le reste du temps, dans le ciel immatériel des idées et de la distance. Invitation à laquelle beaucoup d'universitaires, confinés volontaires depuis des décennies et peu pressés de se confronter avec leur corps aux résistances du réel, cédèrent de bonne grâce.

Cette immense déception de la société quant au « monde d'après » expliqua probablement les souffrances psychiques du déconfinement. Après les grandes tribunes lyriques qui avaient envahi les journaux au moment de la tempête, ce furent le silence et la nausée qui s'installèrent durablement, inaugurant une longue période de malaise où l'on se contenta d'attendre passivement la deuxième vague. Pendant ce temps, le gouvernement ne fit strictement rien. Mettant en scène une politique de tests qui allait être bientôt dénoncée par tous comme un nouveau fiasco, il organisa en parallèle un second spectacle : le « Ségur de la Santé », qui allait créer une immense vague de déception.

Les soignants furent quasiment les seuls, à la sortie du confinement, à manifester dans l'espace public et à y être autorisés par les préfectures. On aurait pu imaginer que les millions de Français qui les avaient applaudis et érigés au rang de héros viendraient défiler à leurs côtés. Il n'en fut rien et il n'y eut là rien d'étonnant. Car si l'héroïsation avait si bien fonctionné, c'était justement pour désamorcer toute forme de conflit social et convertir magiquement le négatif de la colère en l'honneur du dévouement. Cherchant à exploiter jusqu'au bout sa rhétorique martiale, Emmanuel Macron promettait aux « héros » une médaille de l'engagement et un défilé de blouses blanches le 14 juillet sur les Champs-Élysées. Au sortir de ce qu'il avait nommé une *guerre*, le chef des armées usait du même langage militaire pour soumettre ses soldats : les lauriers qui obligent. Plutôt que de protester aux côtés des rebelles qui, dès le mois de mai, défilèrent en public pour jeter leurs médailles de papier à la poubelle, la plupart des citoyens décidèrent d'attendre, confiants, le grand Plan du gouvernement qui allait sûrement achever, en temps de paix, la réconciliation.

Comme le « Grand Débat » en son temps, le « Ségur » tant attendu consista pour l'essentiel en une immense vague de mots. L'analyse sémantique de ses conclusions révèle un *continuum* liquide, loin de la sécheresse d'un texte programmatique ou d'un article de loi. Si l'on supprime les poncifs et les notes d'intention n'engageant à rien, il ne subsiste que quelques pages de programme, limité à d'insuffisantes augmentations de salaire, à des primes opposant les soignants entre eux et à des promesses de financement discutables[34]. Cette avalanche de mots et de chiffres biaisés produisit une sorte d'hypnose, tout en continuant d'instiller la langue toxique du management (« gouvernance », « bienveillance », « prévention des conflits ») qui, depuis des années déjà, épuisait les soignants. Mais en dépit de la débauche de paroles et de chiffres, le Ségur fut lui aussi un fiasco. À la place du « choc d'attractivité » annoncé, des milliers de soignants continuèrent de quitter le navire[35].

L'essentiel de la « politique sanitaire » du gouvernement dut se chercher ailleurs. Elle consista à s'obstiner dans l'inversion des responsabilités et la traque du « relâchement » des Français, qui prit la forme d'un chantage quotidien aux vacances. Cette petite musique, qui allait nous bercer tout l'été, fut l'humiliation ultime d'une Nation de citoyens traités comme une horde d'enfants désobéissants, qui ne pouvaient comprendre que le chantage au maillot de bain et à qui on referait le coup, quelques mois plus tard, avec les fêtes de Noël.

RECONFINEMENT : LE BASCULEMENT DANS UNE LONGUE NUIT SANS NOËL (1ER SEPTEMBRE – 28 NOVEMBRE 2020)

> *« La France de la défaite aura eu un gouvernement de vieillards. [...] La France d'un nouveau printemps devra être la chose des jeunes. » (Marc Bloch,* L'Étrange Défaite, op. cit., *p. 207)*

Le chantage à la plage étant clos, la rentrée allait être dominée par la menace permanente du reconfinement. La ministre de l'Enseignement supérieur annonçait la couleur dès le 13 septembre. En désignant les universités comme de dangereux *clusters*, elle inversait à son tour les responsabilités, essayant de faire oublier qu'elle ne leur avait alloué aucun moyen ni pour réparer les dégâts pédagogiques du confinement, ni pour lutter contre l'engorgement des locaux[36]. Car à l'Université aussi, et depuis des années, on était passé *d'une logique de stock à une logique de flux*. Elle s'était donc elle aussi entêtée dans son agenda en lançant, durant l'été, un appel à projet de 50 millions d'euros sur le virage numérique, chargé de transformer les stocks d'étudiants en flux de connexions. Comme à l'hôpital, elle nous ferait sûrement bientôt le coup de la « demande sociétale» : il y avait tant d'avantages à être mobile et à pouvoir étudier depuis son domicile ou son train à grande vitesse. À l'Université de Bordeaux, deux millions d'euros furent engagés pour équiper tous les locaux en «*Zoom-Rooms*», ces investissements en dur annonçant le caractère irréversible du virage. Partout ailleurs, la Ministre imposa le modèle des «formations hybrides», déjà promu par France Université Numérique (FUN) qui elle-même l'avait emprunté au «*blended learning*» venu du monde de l'entreprise. Tandis que le «présentiel» de chair et d'os était désormais considéré comme trop contaminant et tandis que le 100 % «distanciel» aurait été un peu trop brutal, cette formule s'imposa comme le nouveau dogme trinitaire : articulant la distance (du Père) et la présence (du Fils), l'hybride faisait fonction de Saint-Esprit. Aux prestiges d'une pédagogie innovante, vendue comme progressiste car «inversée», on alliait l'humanisme du «contact», surtout, insistait-on pour les «Premières années», oubliant que la casse allait en réalité sévir à tous les niveaux. On aurait pourtant pu inventer tant d'autres choses : instaurer des cours du soir, réinvestir les bibliothèques, développer des pratiques de lecture dirigées, encourager le travail en groupe et la logique de la recherche dès la licence. Mais puisque le Ministère avait déjà préconçu le format, il ne fut pas jugé utile de consulter l'intelligence collective des collègues et de leurs étudiants.

Car à l'Université aussi, nous étions en Pandémie, c'est-à-dire dans un monde où l'on n'avait plus le temps de s'embarrasser avec la démocratie. Tandis que, dans les lycées et les classes préparatoires, les élèves s'entassaient les uns sur les autres avec la bénédiction des rectorats, les petits chefs de l'enseignement supérieur se mirent à rivaliser d'inventivité pour imposer leurs vues, non seulement en pédagogie, mais en matière de sécurité sanitaire, contribuant à vider petit à petit les campus de leurs forces vives. On vit surgir des « *team Covid* » et déambuler des brigades d'hygiène imposant jauges, règles et consignes tatillonnes décrétées par des Présidents qui, le plus souvent, se mirent à gouverner seuls, dans l'oubli des principes démocratiques qui, depuis la loi Faure de 1969, étaient censés régir le fonctionnement des universités. Alors que tous les autres secteurs de la société se battaient pour reprendre une vie normale, nombre d'universités s'illustrèrent par leur excès de zèle, se complaisant dans un semi-confinement, dont les étudiants – condamnés la moitié de leur temps à consommer des vidéos sur leurs smartphones – furent les premières victimes.

Au même moment, la même Ministre continua de déployer l'autre volet de son agenda politique : une « loi de programmation de la recherche » (LPR) qui affichait l'ambition de redonner des moyens à la science[37]. Cela tombait bien. Avec la santé et l'éducation, la recherche scientifique était apparue, à la faveur de la crise, comme le bien commun de tous les citoyens. Sauf que la logique qui était appelée à triompher avec cette loi fut dénoncée, par l'immense majorité des chercheurs, comme un coup de grâce. Au lieu de soutenir la science comme une enquête collective sur les causes de nos problèmes et sur les processus de long terme dans lesquels nous étions impliqués, ce projet de loi entendait parachever sa mise sous tutelle par le monde économique et politique, accélérant une dérive qui avait commencé à se généraliser dès les années 2000 en Europe. En choisissant de la soumettre intégralement à la logique court-termiste des « appels à projets », elle plébiscitait ce qui justement avait désarmé la recherche française sur les coronavirus en même temps que celles sur les zoonoses, jugées à l'époque peu rentables sur le marché de la « valorisation ». Victimes du « solutionnisme technologique[38] », des secteurs entiers de la recherche fondamentale et appliquée, mais aussi l'ensemble des savoirs critiques qui n'avaient rien à vendre sur le marché, étaient progressivement réduits à la misère, depuis des années déjà, par un pilotage managérial de la recherche du même type que celui qui avait désarmé l'hôpital, au nom de l'accélération des rendements et de l'innovation.

Devant le niveau de colère du monde académique contre le passage en force de la loi, on aurait pu s'étonner de tant d'acharnement. Mais il y avait là une véritable cohérence, l'esprit de la LPR étant exactement celui qui avait guidé Emmanuel Macron pendant toute la gestion de la crise. Devant l'irruption de la catastrophe en effet, il ne s'agissait surtout pas de demander aux laboratoires et aux universités de réfléchir, conjointement avec les étudiants et avec l'ensemble des citoyens, à l'enchaînement des causes qui avait pu nous conduire là où nous en étions. Il s'agissait encore moins de réarmer le travail critique d'une recherche scientifique conduite, avec les citoyens, pour imaginer d'autres organisations. Il s'agissait au contraire de faire de la crise une aubaine pour renforcer la même logique : accélérer la course compétitive à « l'innovation », tant du côté du numérique (e-*learning*, e-santé, applications de traçage) que de l'industrie pharmaceutique (molécules ou vaccins). Loin d'être désarçonnée par la crise, la *Start-up Nation* continuait de s'entêter dans son programme[39]. Dans un environnement dégradé, pollué et désormais contaminé où les crises allaient devenir chroniques, il s'agissait que le monde de la recherche nous apprenne, non pas à lutter contre les causes qui avaient produit la crise, mais à s'y adapter et, ce faisant, à les reconduire inchangées. Il suffisait de lire les éditoriaux alarmants des grandes revues scientifiques, dénonçant cette mise sous tutelle de la science par le marché, pour se convaincre que la LPR n'inventait rien de nouveau. En privant d'avenir d'innombrables jeunes chercheurs épris de savoirs critiques, en empêchant la science de répondre aux aspirations nouvelles de la société à changer de modèle dans tous les domaines, la LPR et son monde trahissaient une société malade, dans laquelle les tenants de l'Ancien Régime avaient décidé, pour que rien ne change, de retirer toute perspective d'avenir aux jeunes générations.

En décrétant le couvre-feu et en visant, une fois de plus, la jeunesse jugée trop relâchée, la gérontocratie au pouvoir[40] fit encore un pas de plus dans cette direction, mais ce fut peut-être un pas de trop. En choisissant cette symbolique sinistre, elle essaya d'exploiter jusqu'à la lie le vocabulaire martial inauguré en mars, sauf que le caractère déplacé de la métaphore commença à se voir. Toute la société se sentit basculer dans une longue nuit sombre, au bout de laquelle s'agitait toujours le même chantage régressif aux lumières de Noël. En même temps qu'on s'en prenait systématiquement aux plus jeunes, l'infantilisation régnait jusqu'à l'humiliation. À compter de ce pas de trop, certains commencèrent à sortir du silence et de la sidération. Des partis politiques se mirent à s'opposer, des citoyens à s'interroger, des journalistes à se questionner, des étudiants à alerter et des chercheurs à manifester. Au seuil de l'hiver qui arrivait, on était peut-être en train d'assister au réveil de la démocratie. Et c'est dans ce moment, où s'éprouvait comme un regain de vie annonciateur du printemps, qu'on apprit la terrible nouvelle. D'abord par deux prix Nobel d'économie[41], ensuite par des rumeurs sur les réseaux sociaux[42], puis par la presse la plus officielle et enfin par le discours présidentiel du 28 octobre : pour « sauver Noël », Emmanuel Macron avait décidé de nous reconfiner.

Le verdict sonna comme un immense aveu d'échec, celui d'un gouvernement sclérosé, engoncé dans ses vieilles manières de penser et qui n'avait jamais su faire face à la nouveauté. Le « Monsieur Déconfinement » du mois de mai était entretemps devenu Premier Ministre et il avait si mal conduit sa mission qu'elle s'achevait par le « Reconfinement ». Lui qui avait mis en place la T2A en son temps, cette fameuse « tarification à l'activité » qui avait tant affaibli l'hôpital et que tous aujourd'hui décriaient, et lui qui n'avait proposé aucun plan pour faire face au possible rebond épidémique, persistait plus que jamais dans son être et déclarait, le 7 novembre, « qu'on ne [pouvait] pas augmenter toujours le nombre de lits. Et [que ce n'était] pas souhaitable parce que ça voudrait dire qu'on laisserait [se] développer l'épidémie[43] ». Confirmant le choix d'un hôpital de flux plutôt que de stock, il oubliait par là-même le rôle des institutions et le « principe de continuité de l'État[44] » : celui de garantir une stabilité capable de faire face au danger et à l'imprévu. Du printemps à l'hiver, on avait même continué à supprimer des lits[45] et on exigeait de l'hôpital un milliard d'économie dans le futur budget[46]. Le Parlement, qui menait patiemment l'enquête depuis le mois de mars[47], reprit alors toute sa place dans l'espace public en contestant la durée de l'état d'urgence sanitaire. Ce qui valut à l'opposition cet anathème, ahurissant de la part d'un ministre de la République : « C'est ça la réalité de nos hôpitaux ! Si vous ne voulez pas l'entendre, sortez d'ici ! » Surexploitant le registre compassionnel (« un jeune homme de vingt-huit ans intubé ») et celui de l'héroïsation des soignants assignés au dévouement, Olivier

Véran transférait sa propre responsabilité dans la crise sur l'opposition, et alors même que nombre des députés qui avaient osé le défier défendaient depuis des années un plan de reconstruction de l'hôpital public. Cette sclérose d'un pouvoir arc-bouté sur ses positions déclencha dans les hôpitaux une nouvelle vague de mots, de mails et de schémas, accompagnés d'une sourde inquiétude, celle de revivre la même catastrophe, mais avec un personnel réduit qui, ayant entretemps bu la potion du Ségur, serait plus en colère encore. Les managers ne trouvèrent alors qu'une seule solution. Pour s'occuper des « Covid », on décida de s'en prendre aux « non-Covid ». Ce qui impliquait d'imposer à tous, y compris aux patients atteints de maladie grave, la *déprogrammation*, au prix s'il le fallait de l'angoisse et de la faute. Avec cette nouvelle vague, ce fut une autre vague – sourde, silencieuse et invisible, car loin des micros et des caméras – de souffrance et d'angoisse qui recouvrit l'hôpital.

La même vague recouvrit aussi tout le pays, qui se sentit bel et bien basculer dans la nuit. Une nuit dans laquelle il n'était plus autorisé de vendre des livres, où les plus petites boutiques étaient écrabouillées par d'immenses plateformes, où l'on se congratulait sans honte de faire l'aumône à des étudiants qui n'avaient plus rien pour se nourrir, où l'on craignait chaque jour d'apprendre un suicide, où les artistes étaient réduits au silence et où les universités seraient les dernières à rouvrir, après les églises, les stations de ski et les clubs échangistes. Un monde où l'injustice et l'arbitraire s'étalaient au grand jour et où les citoyens, même les plus raisonnables, avaient pris le parti de ne plus trop respecter les lois, tant elles leur semblaient iniques et incohérentes. Et un pays que la presse internationale, choquée par la loi « Sécurité globale » et la multiplication des violences policières, commençait à désigner comme un nouveau régime autoritaire. Redoutant que la fin du confinement sonne la reprise des mobilisations sociales, le pouvoir, fébrile, fabriquait à la va-vite un arsenal sécuritaire contre les manifestants. Du couvre-feu à l'article 24 en passant par le fichage pour opinion politique, ses incessantes transgressions produisirent finalement l'effet contraire, celui d'un réveil politique des citoyens pour défendre les libertés publiques. Le 28 novembre 2020, bravant partout en France le confinement[48], des centaines de milliers de citoyens signifiaient au gouvernement qu'ils étaient désormais prêts à lui résister.

La colère commençant à gronder, on s'empressa de la recouvrir par la promesse du vaccin. On allait, c'est sûr, vers la lumière, et on essaierait cette fois d'être les premiers. Les plus prometteurs n'en étaient, certes, qu'aux effets d'annonce. Court-circuitant les pratiques scientifiques en vigueur, qui exigeaient que les résultats soient présentés dans des publications contrôlées par les pairs, Pfizer et Moderna vendaient leurs promesses directement aux marchés, quitte à nous vanter des produits qui peut-être ne marcheraient pas si bien. Mais tandis que le monde scientifique s'alarmait de ces dérives, les autorités françaises décidèrent de ne pas s'embarrasser avec de tels doutes qui alimenteraient, c'est sûr, la « défiance » et le « complotisme ». Dans la course aux vaccins, il fallait avancer, c'est-à-dire préparer les Français, quoi qu'il en coûte, à se faire vacciner. Le problème n'était pas l'information elle-même, incomplète et incertaine, mais une fois de plus, la défiance de la population. Et tout particulièrement celle des jeunes qui, en plus d'avoir le mauvais goût de se « relâcher », avaient celui de résister plus que les autres aux « innovations ». C'est alors que s'imposa la solution. L'affaire se réglerait facilement avec les plus âgés, qui étaient à la fois les plus à risque et les moins défiants. Pour la gérontocratie qui nous gouvernait, la chose finirait peut-être ainsi : par un arrangement entre vieilles gens, qui laisserait la jeunesse loin de tout ça, mais qui ferait la démonstration à l'électorat vieillissant du Président que tout était mis en œuvre pour les protéger. Mais que feraient les autorités sanitaires du doute des soignants, qu'elles s'étaient accoutumées à museler et à sanctionner ? Après en avoir fait des héros, allaient-elles dorénavant dénoncer leur manque « d'équipement intellectuel[49] » ? Que feraient-elles aussi des questions de la jeunesse, qui regarderait faire ses aînés sans les comprendre ? Et qu'allaient-elles faire de la colère de toute une société qui avait envie de savoir, et qui aspirait à ce qu'on libère la science, l'éducation et la santé des tutelles obscures qui étaient en train de les mettre au pas ?

Alors que l'épidémie nous aura finalement conduits là et que la lumière qu'on nous agite au bout du tunnel nous fait l'effet de ténèbres, nous sommes nombreux à nous dire qu'il est temps que l'on rouvre nos universités, ces lieux où il est encore permis à la jeunesse d'apprendre, avec l'aide des plus âgés, à douter, à chercher et à instruire jusqu'au bout ses propres questions[50]. Et nous sommes un certain nombre à penser aussi que l'esprit de l'Université devrait désormais se répandre partout où se transmet du savoir, à commencer par ces hôpitaux et ces écoles où l'on apprend à être soignant, patient ou élève. Car nos métiers de soignants, d'éducateurs, d'enseignants ou de chercheurs sont, au fond, à la croisée des chemins. Nous pouvons certes continuer à nous confiner dans la tiédeur de nos bureaux et à participer activement, avec nos écrans, à la mise en place des réformes qui détruisent les institutions qui, jusque-là, avaient porté ces métiers. Mais nous pouvons aussi tenter de nous unir, avec quelques autres, pour constituer des réseaux de résistance capables de réinventer la mobilisation, la grève et le sabotage, en même temps que le forum, l'amphithéâtre et l'agora. En s'y mettant à plusieurs, ici et maintenant, en ouvrant en grand nos institutions à tous les citoyens qui, comme nous, sont convaincus que le savoir ne se capitalise pas, mais qu'il s'élabore ensemble et dans la confrontation conflictuelle des points de vue, nous pourrions peut-être contribuer à faire de cette « pandémie », mais aussi de la santé et de l'avenir de la vie, non pas ce qui suspend, mais ce qui appelle la démocratie.

BARBARA STIEGLER

14 DÉCEMBRE 2020

1. *The Lancet*, volume 396, 10255, septembre 2020, p. 874.

2. Stéphane Velut, *L'Hôpital, une nouvelle industrie*, Gallimard, 2020 (« Tracts »).

3. Dominique Moïsi, « Lutte contre l'épidémie : la leçon de civisme de l'Asie », Institut Montaigne, 23 mars 2020 : « Face à une pandémie comme le monde n'en a pas connue depuis un siècle, les sociétés qui peuvent opposer au virus un civisme sans faille et une culture qui met l'accent sur l'intérêt de la collectivité, disposent d'un avantage structurel. »

4. Alexandre Labruffe, *Un hiver à Wuhan*, Verticales, 2020, p. 102-103.

5. Linda Cambon, François Alla et Valéry Ridde, « Santé publique : pour l'empowerment plutôt que l'infantilisation », AOC Media, 8 juillet 2020.

6. « Covid-19 : des récits nationaux aux conséquences sanitaires », avec Axel Kahn et Christine Ockrent, « Les matins de France Culture », 6 octobre 2020.

7. Pétition lancée par Olivier Claris, par ailleurs nommé rapporteur sur la « nouvelle gouvernance » par le ministère de la Santé : « Appel à nos concitoyens : nous avons besoin d'union nationale » sur Change.org.

8. Alexandre Labruffe, *op. cit.*, p. 103.

9. Poursuivant un récit qui s'était arrêté le 17 mars, *Du cap aux grèves. Récit d'une mobilisation*, Éditions Verdier, 2020.

10. Jacques Pezet, « *Checknews* : les prévisions de Ferguson, qui ont conduit de nombreux pays à se confiner, étaient-elles fantaisistes ? », *Libération*, 3 juin 2020

11. Henri Bergeron, Olivier Borraz, Patrick Castel, François Dedieu, *Covid-19 : une crise organisationnelle*, Presses de Sciences-Po, 2020, p. 19.

12. Tocqueville, *De la démocratie en Amérique*, Gallimard, 1986 (« Folio histoire »), tome 1, p. 42.

13. Richard H. Thaler et Cass R. Sustein, *Nudge. Comment inspirer la bonne décision* (2008), Pocket, 2012.

14. Géraldine Woessner, « Emmanuel Macron et le pouvoir du "*nudge*" », *Le Point*, 4 juin 2020.

15. À l'exception notable de l'émission « Signes des temps », France culture, du 21 juin 2020.

16. Voir mon ouvrage *«Il faut s'adapter». Sur un nouvel impératif politique*, Gallimard, 2019 («NRF Essais»).

17. Hypothèse qu'ils reprennent au célèbre article de Daniel Kahneman et Amos Tversky, «*Prospect Theory: An Analysis of Decision Under Risk*», *Econometrica*, 1979.

18. Kamran Abbasi, «*Covid-19: politicisation, "corruption" and suppression of science*», *The British Medical Journal*, 13 novembre 2020. Accélération de la «mauvaise science» sous la pression de la compétition et du marché, analysée depuis des années par les scientifiques eux-mêmes et qui atteint les revues internationales les plus prestigieuses.

19. Walter Lippmann, *Public opinion* (1922), New York, Classic Books America, 2009.

20. Au sens de Thaler et Susstein, *op. cit.*

21. Henri Bergeron *et alii*, *op. cit.*, p. 64.

22. Lors de son audition devant la commission d'enquête parlementaire du 1er juillet, elle asséna encore une fois le même message infantilisant aux généralistes, toujours sans masque mais cette fois sans sourire.

23. Différence obtenue à partir des données officielles de DREES, ministère de la Solidarité et de la Santé.

24. Stéphane Velut, «Échec au roi», dans *Tracts de crise. Un virus et des hommes, 18 mars/11 mai 2020*, Gallimard, 2020, p. 41.

25. Adelphe de Taxis du Pouët et Pierre Menet, «Premières propositions post Covid-19 dans le domaine de la santé», Caisse des dépôts, 26 mars 2020.

26. « Suicide: l'autre vague à venir du coronavirus?», Fondation Jean-Jaurès, 6 novembre 2020.

27. Discours d'Emmanuel Macron, 15 septembre 2020.

28. Dans le sillage du philosophe Giorgio Agamben.

29. www.nouvelle-aquitaine.ars.sante.fr/port-masque.

30. N'hésitant pas à dilapider 250 millions d'euros par mois, cette politique du chiffre déclencha des files d'attente interminables dans les rues et un véritable chaos dans les laboratoires, mettant une nouvelle fois sur la touche les médecins et les infirmiers libéraux, qui auraient été les mieux indiqués dans une véritable stratégie de santé publique.

31. HCSP, «Avis relatif à la reprise professionnelle des personnes à risque de forme grave de Covid-19», 19 juin 2020.

32. Voir la « Lettre ouverte des organisateurs au préfet de police de Paris », 27 octobre 2020.

33. Victor Klemperer, *LTI. La Langue du IIIe Reich* (1947), Albin Michel, 1996, p. 40.

34. Voir la dizaine de communiqués du Collectif Inter-Hôpitaux d'août à novembre 2020.

35. Voir l'enquête de l'Ordre national des infirmiers du 11 novembre 2020 : « 37 % des infirmiers estiment que la crise [sanitaire] leur a donné envie de changer de métier ».

36. Devant la colère provoquée par l'image des amphithéâtres bondés, elle dit quinze jours plus tard rigoureusement l'inverse : « rien ne nous dit que les contaminations se fassent au sein des universités ». Tandis que l'Allemagne avait investi 500 millions d'euros pour équiper les bâtiments publics d'aérateurs et que l'Italie avait recruté en urgence des dizaines de milliers d'enseignants, le gouvernement français oscillait entre le déni (pour les écoles et les lycées) et les messages contradictoires (pour les universités) et n'envisageait dans tous les cas qu'une seule issue : le passage au numérique.

37. Christophe Pébarthe et Barbara Stiegler, « Gouverner, c'est détruire. Ou comment la LPPR détruit la recherche en la finançant », *Revue française de pédagogie*, 207, 2020.

38. Au sens d'Evgeny Morozov, *Pour tout résoudre, cliquez ici : l'aberration du solutionnisme technologique*, Limoges, FYP Éditions, 2014.

39. Et Emmanuel Macron vendait la LPPR, le 4 décembre 2020, en exhibant 200 millions de financements publics pour la création d'un « campus de santé numérique » au Val-de-Grâce.

40. Qui démontrait que l'âge biologique du président de la République (et de certains de ses conseillers) ne le prémunissait nullement contre de vieilles manières de penser héritées de l'ancien monde.

41. Esther Duflo et Abhijit Banerjee, « Il faut décréter un confinement de l'Avent pour sauver Noël », *Le Monde*, 26 septembre 2020.

42. Anais Condomines, « *Checknews* : Covid-19 :d'où vient la rumeur d'un reconfinement le 26 octobre, relayée par Christine Kelly », *Libération*, 22 octobre 2020.

43. « Covid-19 : le Premier Ministre vient soutenir les soignants de l'hôpital de Saint-Étienne », France 3 Auvergne, 7 novembre 2020.

44. Formulé par l'article 5 de la Constitution. Principe également trahi, comme vient de le révéler le rapport du Sénat du 8 décembre 2020, par

les dissimulations de Jérôme Salomon sur la destruction des stocks de masques.

45. Tandis que le directeur de l'ARS du Grand Est était limogé en avril pour avoir révélé que 500 postes de soignants devaient être supprimés dans sa région, les soignants qui manifestaient en novembre au pied de l'Hôtel-Dieu pour dénoncer la fermeture des urgences étaient verbalisés par la police (https://www.leparisien.fr/video/video-fermeture-des-urgences-de-l-hotel-dieu-les-manifestants-verbalises-06-11-2020-8407065.php). Pendant ce temps, le projet futuriste de Grand Paris Nord réalisait le rêve des managers en supprimant des centaines de lits supplémentaires : un hôpital de flux et d'*open space*, sans stock ni clôture, mais incapable de faire face à une nouvelle épidémie.

46. André Grimaldi, « L'hôpital public reste dans la logique folle de gestion commerciale », propos recueillis par Éric Favereau, *Libération*, 5 décembre 2020.

47. Avec la commission d'enquête sur la gestion de la crise sanitaire.

48. Et bravant à Paris l'interdiction de manifester du préfet Lallement, finalement cassée par le tribunal administratif qui donnera raison à la Marche des libertés.

49. Jocelyn Raude, chercheur en psychologie sociale, n'hésite pas à expliquer ainsi la résistance des infirmiers face aux nouveaux vaccins à ARN messager : ils seraient d'après lui « moins équipés intellectuellement » que les médecins (« Intentions de vaccination : "beaucoup d'infirmiers s'interrogent" », LCI, 7 décembre 2020). Si 55 % d'entre eux se posent des questions face aux effets secondaires et à l'efficacité de ces vaccins, ce serait du fait de leur déficience intellectuelle. À l'inverse, si 80 % des médecins font immédiatement confiance aux annonces des laboratoires, c'est parce qu'ils seraient « plus orientés vers la constitution du savoir ». Curieuse conception de la science, qui en fait une affaire de foi, et qui l'oppose frontalement à la fois au doute et au questionnement et à un savoir basé sur les preuves.

50. « Pour la réouverture immédiate des universités », *Libération* du 28 novembre 2020 et Change.org.

DANS LA COLLECTION « TRACTS/GALLIMARD »

Nº 1 RÉGIS DEBRAY, **L'EUROPE FANTÔME**, FÉVRIER 2019

Nº 2 ERRI DE LUCA, **EUROPE, MES MISES À FEU**, MARS 2019

Nº 3 PIERRE BERGOUNIOUX, **FAUTE D'ÉGALITÉ**, MARS 2019

Nº 4 FRANÇOIS GARDE, **LA POSITION DES PÔLES**, AVRIL 2019

Nº 5 DANIÈLE SALLENAVE, **JOJO, LE GILET JAUNE**, AVRIL 2019

Nº 6 CYNTHIA FLEURY, **LE SOIN EST UN HUMANISME**, MAI 2019

Nº 7 SYLVIANE AGACINSKI, **L'HOMME DÉSINCARNÉ**, JUIN 2019

Nº 8 FRANÇOIS SUREAU, **SANS LA LIBERTÉ**, SEPTEMBRE 2019

Nº 9 HÉLÉ BÉJI, **DOMMAGE, TUNISIE**, OCTOBRE 2019

Nº 10 ARTHUR DÉNOUVEAUX & ANTOINE GARAPON, **VICTIMES, ET APRÈS ?**, NOVEMBRE 2019

Nº 11 RENÉ FRÉGNI, **CARNETS DE PRISON**, DÉCEMBRE 2019

Nº 12 STÉPHANE VELUT, **L'HÔPITAL, UNE NOUVELLE INDUSTRIE**, JANVIER 2020

Nº 13 DIDIER DAENINCKX, **MUNICIPALES. BANLIEUE NAUFRAGÉE**, FÉVRIER 2020

Nº 14 ARUNDHATI ROY, **AU-DEVANT DES PÉRILS**, MARS 2020

Nº 15 OLIVIER REY, **L'IDOLÂTRIE DE LA VIE**, JUIN 2020

Nº 16 PATRICE FRANCESCHI, **AVEC LES KURDES**, JUILLET 2020

Nº 17 ÉTIENNE KLEIN, **LE GOÛT DU VRAI**, JUILLET 2020

Nº 18 PHILIPPE FOREST, **L'UNIVERSITÉ EN PREMIÈRE LIGNE**, SEPTEMBRE 2020

Nº 19 NAJAT VALLAUD-BELKACEM & SANDRA LAUGIER, **LA SOCIÉTÉ DES VULNÉRABLES**, SEPTEMBRE 2020

Nº 20 OLIVIER ASSAYAS, **LE TEMPS PRÉSENT DU CINÉMA**, OCTOBRE 2020

Nº 21 RENAUD GIRARD & JEAN-LOUP BONNAMY, **QUAND LA PSYCHOSE FAIT DÉRAILLER LE MONDE**, OCTOBRE 2020

Nº 22 DIDIER LESCHI, **CE GRAND DÉRANGEMENT**, NOVEMBRE 2020

Nº 23 BARBARA STIEGLER, **DE LA DÉMOCRATIE EN PANDÉMIE**, JANVIER 2021

Nº 24 FABRICE HUMBERT, **LES MOTS POUR LE DIRE**, FÉVRIER 2021

Nº 25 ALESSANDRO BARICCO, **CE QUE NOUS CHERCHONS**, MARS 2021

Nº 26 CHRISTIAN THOREL, **ESSENTIELLES LIBRAIRIES**, AVRIL 2021

Nº 27 PHILIPPE VIDELIER, **PLAIDOYER POUR LES CHIENS, BÂTARDS, FILS DE CHIENNES**, AVRIL 2021

Nº 28 XAVIER GORCE, **RAISON ET DÉRISION**, MAI 2021

GRAND FORMAT « TRACTS/GALLIMARD »

RÉGIS DEBRAY, **LE SIÈCLE VERT**, JANVIER 2020

JEAN-NOËL JEANNENEY, **VIRUS ENNEMI**, JUIN 2020

ALICE KAPLAN, **TURBULENCES, USA**, OCTOBRE 2020

DANIÈLE SALLENAVE, **PAROLE EN HAUT SILENCE EN BAS**, JANVIER 2021

ALAIN BORER, **« SPEAK WHITE ! »**, AVRIL 2021

HORS SÉRIE « TRACTS/GALLIMARD »

COLLECTIF, **TRACTS DE CRISE**, JUIN 2020

CE TRACT, COMPOSÉ EN TUNGSTEN ET CASLON,
A ÉTÉ ACHEVÉ D'IMPRIMER PAR NORMANDIE ROTO IMPRESSION S.A.S.
EN MAI 2021, À LONRAI EN FRANCE SUR UN PAPIER CERTIFIÉ PEFC
PROVENANT DE FORÊTS DURABLEMENT GÉRÉES.

PEFC
10-31-2541
Certifié PEFC
pefc-france.org

DÉPOT LÉGAL : MAI 2021
PREMIER DÉPOT LÉGAL : JANVIER 2021
N°ÉDITION : 398991 / N°IMPRIMEUR : 2102371